NAJLEPSZA KSIĄŻKA APERITIF PO NARCIARSTWIE

100 przytulnych napojów, które rozgrzeją Twoją zimę

Alicja Ostrowska

Prawa autorskie ©2023

Wszelkie prawa zastrzeżone

Żadna część tej książki nie może być wykorzystywana ani przekazywana w jakiejkolwiek formie i w jakikolwiek sposób bez odpowiedniej pisemnej zgody wydawcy i właściciela praw autorskich, z wyjątkiem krótkich cytatów użytych w recenzji . Niniejsza książka nie powinna być traktowana jako substytut porady lekarskiej, prawnej lub innej porady zawodowej.

SPIS TREŚCI

- SPIS TREŚCI 3
- WSTĘP 6
- ZIMOWE KOKTAJLE 7
  - 1. Rumsarla 8
  - 2. Kogut-doodle doo 10
  - 3. Fioletowo-czerwone miasto 12
  - 4. Brzoskwinia f i zz 14
  - 5. Mrożony sok miętowy 16
  - 6. Miętowy flip z Madery 18
  - 7. Może kwitnąć musując 20
  - 8. Koktajl musujący truskawkowy 22
  - 9. Szampański blues 24
  - 10. Przewrót kawowy 26
  - 11. Brandy flip 28
  - 12. Poranna winda Ambasadora 30
- GORĄCE DZIECI 32
  - 13. Belgijski Gorący Toddy 33
  - 14. Chai Gorący Toddy 35
  - 15. Tandetny, gorący Toddy 37
  - 16. Brzoskwiniowy gorący Toddy 39
  - 17. Eliksir Hot Toddy z czarnego bzu 41
  - 18. Heather Honey Gorący Toddy 43
- GRZANE NAPOJE 45
  - 19. Grzane wino rozmarynowe i czarna herbata ... 46
  - 20. Grzane wino 48
  - 21. Grzane Ale z przyprawami i brandy 50
- GORĄCA CZEKOLADA 52
  - 22. Gorąca czekolada z przyprawami kardamonu i róży ... 53
  - 23. Gorąca czekolada inspirowana kuchnią meksykańską ... 55
  - 24. Gorąca czekolada z dodatkiem piernika 57
  - 25. Gorąca czekolada z przyprawami Chai 59
  - 26. Gorąca czekolada Pety 61
  - 27. Gorąca czekolada Red Velvet 63
  - 28. Serowa gorąca czekolada 65
  - 29. Gorąca czekolada z kozim serem i miodem 67
  - 30. Niebieski ser Gorąca czekolada 69
  - 31. Gorąca czekolada z parmezanem i solą morską ... 71
  - 32. Gorąca czekolada Pepper Jack i Cayenne 73
  - 33. Toblerone gorąca czekolada 75
  - 34. Gorąca czekolada Ferrero Rocher 77
  - 35. Gorąca czekolada o strukturze plastra miodu .. 79

36. Gorąca czekolada klonowa 81
37. Różana Gorąca Czekolada 83
38. Gorąca czekolada z kwiatami pomarańczy 85
39. Gorąca czekolada z kwiatami czarnego bzu 87
40. Gorąca czekolada z hibiskusem 89
41. Gorąca czekolada lawendowa 91
42. Ciemna czekolada Matcha 93
43. Gorąca czekolada miętowa 95
44. Gorąca czekolada z rozmarynem 97
45. Gorąca czekolada z bazylią 99
46. Gorąca czekolada szałwiowa 101
47. Gorąca czekolada piernikowa e 103
48. Ciasteczka Pudsey Bear Gorąca czekolada 105
49. Gorąca czekolada Brownie 107
50. Gorąca czekolada Acai 109
51. Gorąca czekolada z Czarnego Lasu 111
52. Gorąca czekolada truskawkowa 113
53. Gorąca czekolada pomarańczowa 115
54. Gorąca czekolada malinowa 117
55. Gorąca czekolada bananowa 119
56. Gorąca czekolada kokosowa 121
57. Gorąca czekolada z Nutellą 123
58. Gorąca czekolada inspirowana PB&J 125
59. Gorąca czekolada z masłem orzechowym i bananami 127
60. Mrożona gorąca czekolada Serendipity 129
61. Gorąca czekolada Amaretto 132
62. Gorąca czekolada na bazie wina 134
63. Gorąca czekolada z dodatkiem mięty pieprzowej 136
64. Baileys Irlandzka kremowa gorąca czekolada 138
65. Gorąca czekolada z przyprawami RumChata 140
66. Gorąca czekolada z przyprawami pomarańczowymi 142
67. Pikantna aztecka gorąca czekolada z tequilą 144

KAWA 146
68. Espresso 147
69. Kawa kroplowa 150
70. Kawiarnia Au Lait 153
71. Klasyczny amerykański 155
72. Macchiato 157
73. Mokka 159
74. Kawa z przyprawami meksykańskimi 161
75. Hongkong Yuanyang 163
76. Hiszpańskie Cortado 165
77. Włoska Granita Al Caffe 167
78. Wietnamska kawa jajeczna 170

79. Szwedzka kawa jajeczna 172
80. Turecka kawa 174
81. Cynamonowo-Waniliowe Latte 176
82. Kawa z jajkiem 178
83. Cinnamon i dyniowa kawa przyprawowa 180
84. Latte z bali 182
85. Tosty z pianki marshmallow Cafe Mocha 184
86. Makieta Minty Mokka 187
87. Kokosowy termos do kawy 189
88. Kawa z przyprawami pomarańczowymi 191
89. Makieta Karmel Macchiato 193
90. Kawa Mrożona Migdałowa 195
91. Mrożona Kawa Klonowa 197
92. Mrożone Mochaccino 199
93. Kawa mrożona 201

NAPADY ZIOŁOWE I HERBATY 203
94. Herbata hibiskusowo-jabłkowa 204
95. Marokańska herbata miętowa 206
96. Herbata z mlekiem różanym 208
97. Herbata z miodem anyżowym 210
98. Mrożona herbata miętowa 212
99. Mrożona herbata rumiankowa 214
100. Herbata miętowo-lawendowa 216

WNIOSEK 218

WSTĘP

Gdy zima pokrywa świat nieskazitelną warstwą śniegu, zapaleni narciarze i entuzjaści śniegu z niecierpliwością oczekują dreszczyku emocji związanych ze stokami. Jednak dla wielu prawdziwa magia sportów zimowych wykracza poza ekscytujące biegi i zjazdy pełne adrenaliny – to urzekający świat après-ski. Przytulna atmosfera górskiego domku, trzaskający kominek i radosne towarzystwo przyjaciół i innych narciarzy tworzą idealne miejsce na świętowanie po nartach.

W sercu tej zimowej krainy czarów prezentujemy „NAJLEPSZA KSIĄŻKA APERITIF PO NARCIARSTWIE", zachwycającą kolekcję 100 przytulnych napojów, starannie dobranych, aby rozgrzać Twoją duszę po dniu pełnym śnieżnych przygód. Niezależnie od tego, czy pokonałeś wymagające trasy Black Diamond, czy też spędziłeś dzień z wdziękiem ślizgając się po łagodnych zboczach, nasze przepisy mają na celu wyniesienie Twoich wrażeń po nartach na nowy poziom.

Wyruszmy w podróż po kartach tej książki kucharskiej, w której każdy przepis jest świadectwem bogactwa smaków, jakie ma do zaoferowania zima. Od klasycznych gorących czekoladek, które przywołują wspomnienia z dzieciństwa, po innowacyjne mikstury łączące sezonowe składniki z odrobiną wyrafinowania – napoje te to coś więcej niż tylko napoje — są integralną częścią rytuału après-ski.

Zbierzcie się więc wokół ognia, owińcie się wygodnym kocem i pozwólcie, aby ciepło tych napojów rozmroziło zimowy chłód. „Najlepsza książka kucharska po nartach" to Twój towarzysz w tworzeniu niezapomnianych chwil, niezależnie od tego, czy organizujesz spotkanie po nartach, spędzasz spokojny wieczór przy ognisku, czy po prostu delektujesz się radością zimy w pomieszczeniu.

ZIMOWE KOKTAJLE

1.Rumsarla

SKŁADNIKI:
- 3/4 uncji suchej Marsali
- Likier imbirowy Domaine de Canton
- 30 ml wody z młodego kokosa
- 45 ml pikantnego rumu
- 250 gramów ciemnego rumu

INSTRUKCJE:
a) Napełnij shaker do koktajli lodem.
b) Dodaj wszystkie składniki.
c) Zamieszać.
d) Przecedzić do szklanki

2.Kogut-doodle doo

SKŁADNIKI:
- 1 1/4 uncji rumu 151-procentowego
- 1/2 uncji crème de noyaux
- 6 uncji soku z pasji
- Odrobina soku z granatów
- Plasterki pomarańczy

INSTRUKCJE:
a) Wlać do szklanki Collinsa z lodem.
b) Cieszyć się!

3. Fioletowo-czerwone miasto

SKŁADNIKI:
- Posyp likierem malinowym
- 3 uncje wódki
- 1 uncja świeżego soku z czerwonych buraków
- 1 uncja amaro
- 1 łyżeczka dram ziela angielskiego
- Chambord

INSTRUKCJE:
a) Napełnij shaker do koktajli lodem.
b) Dodaj wszystkie składniki
c) Potrząsnąć.
d) Przecedzić do szklanki.

4.Brzoskwinia f I zz

SKŁADNIKI:

- 3 dojrzałe brzoskwinie
- 6 uncji różowej lemoniady
- 6 uncji wódki
- Kostki lodu do wypełnienia blendera

INSTRUKCJE:

a) Do blendera włóż brzoskwinie, różową lemoniadę, wódkę i lód.
b) Mieszaj, aż lód się rozkruszy .
c) Włóż do zamrażarki na cztery godziny.
d) Przelej do szklanek typu highball.

5. Mrożony sok miętowy

SKŁADNIKI:
- 2 uncje bourbona
- 1 uncja soku z cytryny
- 1 uncja syropu cukrowego
- 6 liści mięty
- 6 uncji kruszonego lodu

INSTRUKCJE:
a) W szklance rozmieszać bourbon, sok z cytryny, syrop cukrowy i liście mięty.
b) Wlać mieszaninę i lód do blendera.
c) Miksuj na dużej prędkości przez 15 lub 20 sekund.
d) Przelać do schłodzonej szklanki typu highball.
e) Udekoruj gałązką mięty.

6. Miętowy flip z Madery

SKŁADNIKI:
- 1 1/2 uncji Madery
- 1 uncja likieru czekoladowo-miętowego
- 1 małe jajko
- 1 łyżeczka cukru

INSTRUKCJE:
a) Napełnij shaker do koktajli lodem.
b) Dodać Maderę, likier, jajko i cukier.
c) Potrząsnąć.
d) Przelej do schłodzonego kieliszka Delmonico.
e) Posyp gałką muszkatołową.

7.Może kwitnąć musując

SKŁADNIKI:
- 1 łyżeczka grenadyny
- 1/2 uncji soku z cytryny
- 1 uncja sody klubowej
- 2 uncje ponczu

INSTRUKCJE:
a) Napełnij shaker do koktajli lodem.
b) Dodaj grenadynę, sok z cytryny, napój gazowany i Punsch .
c) Potrząsnąć.
d) Przecedzić do szklanki typu old-fashion.
e) Uzupełnij sodą.

8.Koktajl musujący truskawkowy

SKŁADNIKI:
- 1 szklanka łuskanych truskawek – świeżych lub mrożonych
- ½ uncji (1 łyżka stołowa) świeżo wyciśniętego soku z cytryny
- butelka (750 ml) szampan Brut
- 10 uncji wody

INSTRUKCJE:
a) Umieść truskawki, sok z cytryny i wodę w blenderze lub robocie kuchennym. Puree aż będzie gładkie.
b) Nałóż 1–2 łyżki puree na dno kieliszka do szampana i uzupełnij szampanem. Długą łyżką bardzo delikatnie mieszamy
c) Wypij !

9.Szampański blues

SKŁADNIKI:
- 1/5 niebieskiego curacao
- 8 uncji soku z cytryny
- 4/5 wytrawny szampan
- Skórka z dwóch cytryn

INSTRUKCJE:
a) Schłodź wszystkie składniki.
b) Do miski na poncz (bez lodu) wlej curacao i sok z cytryny.
c) Zamieszać.
d) Dodaj szampana.
e) Delikatnie wymieszać.
f) W misce włóż skórki z cytryny.

10. Przewrót kawowy

SKŁADNIKI:
- 1 uncja koniaku
- 1 uncja płowego porto
- 1 małe jajko
- 1 łyżeczka cukru

INSTRUKCJE:
a) Napełnij shaker do koktajli lodem.
b) Dodać koniak, porto, jajko i cukier.
c) Potrząsnąć.
d) Przelej do schłodzonego kieliszka delmonico .
e) Posyp gałką muszkatołową.

11. Brandy flip

SKŁADNIKI:
- 1 uncja brandy
- 1 uncja brandy o smaku morelowym
- 1 małe jajko
- 1 łyżeczka cukru

INSTRUKCJE:
a) Napełnij shaker do koktajli lodem.
b) Dodaj brandy, jajko i cukier.
c) Potrząsnąć.
d) Przelej do schłodzonego kieliszka Delmonico.
e) Posyp gałką muszkatołową.

12. Poranna winda Ambasadora

SKŁADNIKI:
- 32 uncje przygotowanego mlecznego ajerkoniaku
- 6 uncji koniaku
- 3 uncje rumu jamajskiego
- 3 uncje kremu kakaowego

INSTRUKCJE:
a) Wszystkie składniki wlać do miski na poncz.
b) Zamieszać.
c) Każdą porcję posyp gałką muszkatołową.

GORĄCE DZIECI

13. Belgijski Gorący Toddy

SKŁADNIKI:
- 1 szklanka gorącej wody
- 2 uncje belgijskiej whisky lub geneveru
- 1 łyżka miodu
- 1 plasterek cytryny
- Goździki (opcjonalnie)

INSTRUKCJE:
a) W kubku połącz gorącą wodę, belgijską whisky lub genever i miód.
b) Do mieszanki dodaj plasterek cytryny.
c) W razie potrzeby nakłuj plasterek cytryny goździkami.
d) Dobrze wymieszaj i odstaw na kilka minut przed podaniem.

14. Chai Gorący Toddy

SKŁADNIKI:
- 3 szklanki wody
- 1 laska cynamonu
- 6 całych goździków
- 6 strąków kardamonu, lekko rozgniecionych
- 2 torebki herbaty chai
- ¼ szklanki pikantnego rumu lub bourbona
- 2 łyżki miodu
- 1 łyżka świeżo wyciśniętego soku z cytryny lub 2 ćwiartki cytryny

INSTRUKCJE:

a) W średnim rondlu wymieszaj wodę, laski cynamonu, goździki i lekko zmiażdżone strąki kardamonu. Jeśli masz zaparzacz do herbaty, możesz w nim umieścić przyprawy, aby uniknąć późniejszego naciągnięcia herbaty. Doprowadzić mieszaninę do wrzenia.

b) Zdejmij rondelek z ognia i dodaj torebki herbaty chai. Przykryj i pozostaw do zaparzenia na 15 minut. Następnie przecedź mieszaninę przez sito o drobnych oczkach, aby usunąć torebki z herbatą i przyprawy.

c) Przyprawioną herbatę włóż z powrotem na patelnię i podgrzej, aż będzie ciepła.

d) Dodaj przyprawiony rum (lub bourbon), miód i sok z cytryny, jeśli wolisz. Dobrze wymieszaj.

e) Rozłóż gorący smakołyk pomiędzy dwoma ogrzanymi kubkami i natychmiast podawaj. Alternatywnie, podawaj do każdego kubka kawałek cytryny, do którego możesz wycisnąć sok do smaku. Cieszyć się!

15. Tandetny, gorący Toddy

SKŁADNIKI:
- 1 szklanka gorącej wody
- ½ uncji soku z cytryny
- 1 łyżka miodu
- 1 laska cynamonu
- 1 uncja tartego sera amerykańskiego

INSTRUKCJE:

a) W kubku wymieszaj gorącą wodę, sok z cytryny, miód i laskę cynamonu. Mieszaj do połączenia.

b) Dodaj starty ser amerykański i mieszaj, aż się rozpuści i połączy.

c) Wyjmij laskę cynamonu i podawaj.

16.Brzoskwiniowy gorący Toddy

SKŁADNIKI:
- 40 uncji (1 butelka) Dole Pure & Light Orchard Peach Sok
- 1/4 szklanki brązowego cukru (w opakowaniu)
- 2 laski cynamonu
- 2 łyżki masła/margaryny
- 1/2 szklanki sznapsa brzoskwiniowego (opcjonalnie)
- Dodatkowe laski cynamonu jako dekoracja.

INSTRUKCJE:

a) Połącz sok, brązowy cukier, laski cynamonu i masło/margarynę w holenderskim piekarniku lub zakrytym rondlu i podgrzej do wrzenia.

b) Zdejmij z ognia i wyrzuć laski cynamonu, dodaj wódkę, (w razie potrzeby) udekoruj plasterkiem brzoskwini i laską cynamonu i podawaj.

17.Eliksir Hot Toddy z czarnego bzu

SKŁADNIKI:
- 2 szklanki irlandzkiej whisky
- ½ szklanki suszonych owoców czarnego bzu
- 2-calowy gałka świeżego imbiru, pokrojonego w cienkie plasterki
- Laska cynamonu o długości od 1 do 3 cali, złamana
- 6 do 8 całych goździków
- ½ szklanki miodu

INSTRUKCJE:

a) Połącz whisky, czarny bez, imbir, cynamon i goździki w średnim rondlu.
b) Dusić przez 1 godzinę na małym ogniu, od czasu do czasu mieszając. Nie gotować.
c) Zdjąć z ognia po 1 godzinie. Przykryj i odstaw na 1 godzinę.
d) Gdy mieszanina whisky jest jeszcze ciepła, przelej ją przez sitko o drobnych oczkach do słoika. Wyrzuć zioła i przyprawy.
e) Wyczyść rondelek i wlej whisky z powrotem na patelnię.
f) Dodaj miód do ciepłej whisky i delikatnie mieszaj, aż dobrze się połączy.
g) Po całkowitym ostygnięciu zlać do słoika lub dobrej butelki po likierze i przechowywać w spiżarni w temperaturze pokojowej.

18. Heather Honey Gorący Toddy

SKŁADNIKI:
- 2 uncje szkockiej whisky
- 1 łyżka miodu wrzosowego
- Gorąca woda
- Kawałek cytryny
- Goździki (opcjonalnie)

INSTRUKCJE:
a) W kubku odmierz 2 uncje ulubionej szkockiej whisky.
b) Do kubka dodaj łyżkę miodu wrzosowego.
c) Do kubka wciśnij plasterek cytryny. Opcjonalnie możesz wbić kilka goździków w cząstkę cytryny, aby dodać smaku.
d) Do kubka wlej gorącą wodę, napełniając ją do pożądanej mocy.
e) Dobrze wymieszaj mieszaninę, upewniając się, że miód całkowicie się rozpuścił.
f) Odstaw napój na minutę lub dwie, aby smaki się połączyły.
g) Spróbuj i dostosuj słodycz lub cierpkość, dodając więcej miodu lub cytryny, jeśli to konieczne.
h) Wyjmij cząstkę cytryny i goździki.

GRZANE NAPOJE

19. Grzane wino rozmarynowe i czarna herbata

SKŁADNIKI:
- 1 Bordowy butelkowy; LUB... inne pełne, czerwone wino
- 1 kwarta Czarna herbata preferowana Assama lub Darjeelinga
- ¼ szklanki Łagodny miód
- ⅓ szklanki Cukier; lub do smaku
- 2 Pomarańcze pokrojone w cienkie plasterki i pozbawione nasion
- 2 Laski cynamonu (3-calowe)
- 6 Całe goździki
- 3 Gałązki rozmarynu

INSTRUKCJE:
a) Wino i herbatę wlać do niekorodującego rondla. Dodać miód, cukier, pomarańcze, przyprawy i rozmaryn. Podgrzewaj na małym ogniu, aż zacznie lekko parować. Mieszaj, aż miód się rozpuści.
b) Zdejmij patelnię z ognia, przykryj i odstaw na co najmniej 30 minut.
c) Gdy będzie gotowy do podania, podgrzej go ponownie, aż zacznie parować i podawaj na gorąco.

20.Grzane wino

SKŁADNIKI:
- 1 Butelka czerwonego wina
- 2 Pomarańcze
- 3 laski cynamonu
- 5-gwiazdkowy anyż
- 10 Całe goździki
- 3/4 szklanki brązowego cukru

INSTRUKCJE:
a) Wszystkie składniki oprócz pomarańczy umieścić w średniej wielkości garnku.
b) Za pomocą ostrego noża lub obieraczki obierz połowę jednej pomarańczy. Unikaj obierania jak największej ilości miąższu (białej części), ponieważ ma gorzki smak.
c) Z pomarańczy wyciskamy sok i dodajemy do garnka razem ze skórką pomarańczową.
d) Na średnim ogniu podgrzej mieszaninę, aż zacznie parować. Zmniejsz ogień do małego wrzenia. Podgrzewaj przez 30 minut, aby przyprawy się przegryzły.
e) Odcedź wino i podawaj w żaroodpornych filiżankach.

21.Grzane Ale z przyprawami i brandy

SKŁADNIKI:
- 18 uncji świątecznego piwa
- 2 ½ łyżki ciemnego brązowego cukru
- 4-6 ząbków do smaku
- 2-gwiazdkowy anyż
- 1 laska cynamonu
- ½ łyżeczki mielonej gałki muszkatołowej
- 6 sztuk skórki pomarańczowej
- 3 uncje brandy

INSTRUKCJE:
a) W rondlu lub małym garnku wymieszaj piwo (półtorej butelki, łącznie 18 uncji) z brązowym cukrem i gałką muszkatołową, dodaj goździki, anyż gwiazdkowaty, laskę cynamonu i skórkę pomarańczową.
b) Doprowadź do lekkiego wrzenia (nie dopuść do wrzenia), mieszaj, aż cukier się rozpuści i gotuj na wolnym ogniu przez 2-3 minuty, aby dobrze połączył się z przyprawami.
c) Zdjąć z ognia i dodać brandy.
d) Podawaj w kubkach udekorowanych plasterkiem pomarańczy i ciesz się odpowiedzialnie.

GORĄCA CZEKOLADA

22. Gorąca czekolada z przyprawami kardamonu i róży

SKŁADNIKI:
- 2 szklanki mleka (mlecznego lub alternatywnego)
- 2 łyżki kakao w proszku
- 2 łyżki cukru (dostosuj do smaku)
- ½ łyżeczki mielonego kardamonu
- ¼ łyżeczki wody różanej
- Szczypta mielonego cynamonu
- Bita śmietana i suszone płatki róż do dekoracji
- Pianki marshmallow, do posypania

INSTRUKCJE:

a) W rondlu podgrzej mleko na średnim ogniu, aż będzie gorące, ale nie wrzące.

b) W małej misce wymieszaj kakao, cukier, kardamon, wodę różaną i cynamon.

c) Stopniowo dodawaj kakao do gorącego mleka, aż składniki dobrze się połączą i uzyskają gładką masę.

d) Kontynuuj podgrzewanie mieszaniny, aż osiągnie żądaną temperaturę, od czasu do czasu mieszając.

e) Gorącą czekoladę przelej do kubków i udekoruj bitą śmietaną, piankami marshmallow i suszonymi płatkami róż. Podawaj i ciesz się!

23. Gorąca czekolada inspirowana kuchnią meksykańską

SKŁADNIKI:

- 2 szklanki mleka (mlecznego lub alternatywnego)
- 2 uncje ciemnej czekolady, drobno posiekanej
- 2 łyżki kakao w proszku
- 2 łyżki cukru (dostosuj do smaku)
- ½ łyżeczki mielonego cynamonu
- ¼ łyżeczki mielonej gałki muszkatołowej
- Szczypta pieprzu cayenne (opcjonalnie)
- Bita śmietana i kakao do dekoracji

INSTRUKCJE:

a) W rondlu podgrzej mleko na średnim ogniu, aż będzie gorące, ale nie wrzące.

b) Do mleka dodaj posiekaną gorzką czekoladę, kakao, cukier, cynamon, gałkę muszkatołową i pieprz cayenne (jeśli używasz).

c) Ciągle ubijaj, aż czekolada się rozpuści, a masa będzie gładka i dobrze połączona.

d) Kontynuuj podgrzewanie przyprawionej gorącej czekolady, mieszając od czasu do czasu, aż osiągnie żądaną temperaturę.

e) Rozlać do kubków, posypać bitą śmietaną i posypać kakao. Podawaj i ciesz się!

24.Gorąca czekolada z dodatkiem piernika

SKŁADNIKI:
- 2 szklanki mleka (mlecznego lub alternatywnego)
- 2 łyżki kakao w proszku
- 2 łyżki brązowego cukru
- ½ łyżeczki mielonego imbiru
- ½ łyżeczki mielonego cynamonu
- ¼ łyżeczki mielonej gałki muszkatołowej
- Szczypta zmielonych goździków
- Bita śmietana i okruchy pierników do dekoracji

INSTRUKCJE:

a) W rondlu podgrzej mleko na średnim ogniu, aż będzie gorące, ale nie wrzące.

b) W małej misce wymieszaj kakao w proszku, brązowy cukier, imbir, cynamon, gałkę muszkatołową i goździki.

c) Stopniowo dodawaj kakao do gorącego mleka, aż składniki dobrze się połączą i uzyskają gładką masę.

d) Kontynuuj podgrzewanie przyprawionej gorącej czekolady, mieszając od czasu do czasu, aż osiągnie żądaną temperaturę.

e) Przelewamy do kubków, posypujemy bitą śmietaną i posypujemy okruchami piernikowych ciasteczek. Podawaj i ciesz się!

25. Gorąca czekolada z przyprawami Chai

SKŁADNIKI:
- 2 szklanki mleka (mlecznego lub alternatywnego)
- 2 łyżki kakao w proszku
- 2 łyżki cukru (dostosuj do smaku)
- 1 łyżeczka liści herbaty chai (lub 1 torebka herbaty chai)
- ½ łyżeczki mielonego cynamonu
- ¼ łyżeczki mielonego kardamonu
- Szczypta mielonego imbiru
- Bita śmietana i szczypta cynamonu do dekoracji

INSTRUKCJE:

a) W rondlu podgrzej mleko na średnim ogniu, aż będzie gorące, ale nie wrzące.

b) Dodaj liście herbaty chai (lub torebkę) do mleka i pozostaw do zaparzenia na 5 minut. Usuń liście herbaty lub torebkę z herbatą.

c) W małej misce wymieszaj kakao, cukier, cynamon, kardamon i imbir.

d) Stopniowo dodawaj kakao do gorącego mleka, aż składniki dobrze się połączą i uzyskają gładką masę.

e) Kontynuuj podgrzewanie przyprawionej gorącej czekolady, mieszając od czasu do czasu, aż osiągnie żądaną temperaturę.

f) Rozlać do kubków, posypać bitą śmietaną i posypać cynamonem. Podawaj i ciesz się!

26.Gorąca czekolada Pety

SKŁADNIKI:
- ½ szklanki niesłodzonego kakao w proszku
- ½ szklanki) cukru
- 1 szczypta soli
- ½ szklanki wody
- 6 szklanek waniliowego mleka sojowego
- bita śmietana z tofu
- laski cynamonu

INSTRUKCJE:
a) W rondlu o pojemności 2 litrów wymieszaj kakao, cukier i sól, aż dobrze się wymieszają.
b) Dodaj wodę i mieszaj, aż masa będzie gładka. Gotuj mieszaninę na średnim ogniu aż do wrzenia, ciągle mieszając łyżką lub trzepaczką drucianą.
c) Zmniejsz ogień i gotuj przez 2 minuty dłużej, ciągle mieszając.
d) Dodaj mleko sojowe i podgrzewaj, aż na krawędziach utworzą się małe bąbelki, ciągle mieszając. Zdejmij patelnię z ognia. Ubijaj trzepaczką drucianą lub mikserem elektrycznym, aż będzie gładka i pienista, a następnie wlej do kubków o pojemności 8 uncji.
e) Na wierzch połóż ubite tofu i udekoruj laskami cynamonu.

27.Gorąca czekolada Red Velvet

SKŁADNIKI:
- 14 uncji słodzonego skondensowanego mleka
- 1 szklanka gęstej śmietanki
- 6 szklanek pełnego mleka
- 1 szklanka półsłodkich kawałków czekolady
- 1 łyżka ekstraktu waniliowego
- 1 łyżka serka śmietankowego
- 4 krople czerwonego żelu spożywczego

INSTRUKCJE:

a) Dodaj słodzone mleko skondensowane, kawałki czekolady, śmietankę, mleko i ekstrakt waniliowy do wolnowaru i gotuj na małym ogniu przez 3 godziny, mieszając co godzinę. Czekolada i mleko w powolnej kuchence

b) Gdy czekolada się rozpuści, dodaj serek śmietankowy i czerwony barwnik spożywczy.

c) W razie potrzeby kontynuuj gotowanie lub zmniejsz ogień, aby się ogrzał i podawaj. Czekolada w powolnej kuchence

d) Jeśli mieszanka jest zbyt gęsta jak na Twoje preferencje, możesz ją rozcieńczyć dodatkowym mlekiem lub wodą. Gorąca czekolada Red Velvet w przezroczystym kubku.

28.Serowa gorąca czekolada

SKŁADNIKI:
- 2 szklanki mleka
- ½ szklanki gęstej śmietanki
- 1 szklanka startego sera amerykańskiego
- 2 łyżki kakao w proszku
- 2 łyżki cukru
- 1 łyżeczka ekstraktu waniliowego

INSTRUKCJE:
a) W rondlu podgrzej mleko i gęstą śmietanę na średnim ogniu.
b) Dodaj starty ser amerykański i mieszaj, aż się rozpuści i połączy.
c) Dodaj kakao w proszku, cukier i ekstrakt waniliowy i mieszaj, aż dobrze się połączą.
d) Podawać na gorąco.

29. Gorąca czekolada z kozim serem i miodem

SKŁADNIKI:

- 2 szklanki mleka (mlecznego lub alternatywnego)
- 2 łyżki kakao w proszku
- 2 łyżki miodu (dostosuj do smaku)
- ¼ szklanki sera koziego, pokruszonego
- Szczypta soli
- Bita śmietana i odrobina miodu do dekoracji

INSTRUKCJE:

a) W rondlu podgrzej mleko na średnim ogniu, aż będzie gorące, ale nie wrzące.
b) W małej misce wymieszaj kakao, miód i sól.
c) Stopniowo dodawaj kakao do gorącego mleka, aż składniki dobrze się połączą i uzyskają gładką masę.
d) Do gorącej czekolady dodajemy pokruszony kozi ser i mieszamy, aż się rozpuści i połączy z masą.
e) Kontynuuj podgrzewanie tandetnej gorącej czekolady, mieszając od czasu do czasu, aż osiągnie żądaną temperaturę.
f) Rozlać do kubków, posypać bitą śmietaną i polać miodem. Podawaj i ciesz się!

30.Niebieski ser Gorąca czekolada

SKŁADNIKI:
- 2 szklanki mleka (mlecznego lub alternatywnego)
- 2 łyżki kakao w proszku
- 2 łyżki cukru (dostosuj do smaku)
- ¼ szklanki sera pleśniowego, pokruszonego
- Szczypta soli
- Bita śmietana i posypka pokruszonym serem pleśniowym do dekoracji

INSTRUKCJE:
a) W rondlu podgrzej mleko na średnim ogniu, aż będzie gorące, ale nie wrzące.
b) W małej misce wymieszaj kakao, cukier i sól.
c) Stopniowo dodawaj kakao do gorącego mleka, aż składniki dobrze się połączą i uzyskają gładką masę.
d) Do gorącej czekolady dodaj pokruszony ser pleśniowy i mieszaj, aż się rozpuści i połączy z masą.
e) Kontynuuj podgrzewanie tandetnej gorącej czekolady, mieszając od czasu do czasu, aż osiągnie żądaną temperaturę.
f) Przelać do kubków, posypać bitą śmietaną i posypać pokruszonym serem pleśniowym. Podawaj i ciesz się!

31. Gorąca czekolada z parmezanem i solą morską

SKŁADNIKI:
- 2 szklanki mleka (mlecznego lub alternatywnego)
- 2 łyżki kakao w proszku
- 2 łyżki cukru (dostosuj do smaku)
- ¼ szklanki startego parmezanu
- Szczypta soli morskiej
- Do dekoracji bita śmietana i odrobina tartego parmezanu

INSTRUKCJE:

a) W rondlu podgrzej mleko na średnim ogniu, aż będzie gorące, ale nie wrzące.
b) W małej misce wymieszaj kakao, cukier i sól morską.
c) Stopniowo dodawaj kakao do gorącego mleka, aż składniki dobrze się połączą i uzyskają gładką masę.
d) Do gorącej czekolady dodaj starty parmezan i mieszaj, aż się rozpuści i połączy z masą.
e) Kontynuuj podgrzewanie tandetnej gorącej czekolady, mieszając od czasu do czasu, aż osiągnie żądaną temperaturę.
f) Przelać do kubków, posypać bitą śmietaną i posypać startym parmezanem. Podawaj i ciesz się!

32.Gorąca czekolada Pepper Jack i Cayenne

SKŁADNIKI:
- 2 szklanki mleka (mlecznego lub alternatywnego)
- 2 łyżki kakao w proszku
- 2 łyżki cukru (dostosuj do smaku)
- ¼ szklanki startego sera pieprzowego
- ¼ łyżeczki pieprzu cayenne (dostosuj do preferencji pikantności)
- Bita śmietana i szczypta pieprzu cayenne do dekoracji

INSTRUKCJE:

a) W rondlu podgrzej mleko na średnim ogniu, aż będzie gorące, ale nie wrzące.

b) W małej misce wymieszaj kakao, cukier i pieprz cayenne.

c) Stopniowo dodawaj kakao do gorącego mleka, aż składniki dobrze się połączą i uzyskają gładką masę.

d) Do gorącej czekolady dodaj starty ser pieprzowy i mieszaj, aż się rozpuści i połączy z masą.

e) Kontynuuj podgrzewanie tandetnej gorącej czekolady, mieszając od czasu do czasu, aż osiągnie żądaną temperaturę.

f) Rozlać do kubków, posypać bitą śmietaną i posypać pieprzem cayenne. Podawaj i ciesz się!

33.T oblerone gorąca czekolada

SKŁADNIKI:
- 3 Trójkątne sztabki Toblerone
- ⅓ szklanki Słodka śmietanka
- 1 Habaneros, drobno posiekane

INSTRUKCJE:
a) Na małym ogniu podgrzej śmietankę i rozpuść czekoladę.
b) Mieszaj często, aby uniknąć „gorących punktów".
c) Zmieniaj ilość kremu w zależności od pożądanej gęstości po ostygnięciu.
d) Gdy śmietanka i czekolada zostaną dobrze wymieszane, dodaj habaneros.
e) Studzimy i podajemy z kawałkami jabłek lub gruszek.

34. Gorąca czekolada Ferrero Rocher

SKŁADNIKI:
- 2 szklanki mleka
- ¼ szklanki gęstej śmietanki
- 4 czekoladki Ferrero Rocher, drobno posiekane
- Bita śmietana (opcjonalnie, do posypania)
- Proszek kakaowy (opcjonalnie, do posypania)

INSTRUKCJE:
a) W małym rondlu podgrzej mleko i śmietankę na średnim ogniu, aż będą gorące, ale nie wrzące.
b) Dodaj posiekane czekoladki Ferrero Rocher do rondla i mieszaj, aż się rozpuszczą i dobrze połączą.
c) Gorącą czekoladę wlać do kubków.
d) W razie potrzeby można posypać bitą śmietaną i posypać kakao.
e) Podawaj na gorąco i delektuj się bogatą i smakowitą gorącą czekoladą Ferrero Rocher.

35. Gorąca czekolada o strukturze plastra miodu

SKŁADNIKI:

- 2 szklanki mleka (mlecznego lub roślinnego)
- 2 łyżki kakao w proszku
- 2 łyżki cukru
- ¼ szklanki pokruszonych cukierków o strukturze plastra miodu
- Bita śmietana i wiórki czekoladowe do posypania (opcjonalnie)

INSTRUKCJE:

a) W rondlu podgrzej mleko na średnim ogniu, aż będzie gorące, ale nie wrzące.

b) Wymieszaj kakao w proszku i cukier, aż dobrze się połączą i będą gładkie.

c) Dodaj pokruszone cukierki o strukturze plastra miodu do mieszanki gorącej czekolady.

d) Kontynuuj ogrzewanie i mieszanie, aż cukierek o strukturze plastra miodu się rozpuści.

e) Gorącą czekoladę wlać do kubków.

f) W razie potrzeby udekoruj bitą śmietaną i wiórkami czekoladowymi.

g) Ciesz się bogatą i dekadencką gorącą czekoladą o strukturze plastra miodu w chłodny dzień.

36. Gorąca czekolada klonowa

SKŁADNIKI:
- ¼ szklanki) cukru
- 1 łyżka kakao do pieczenia
- ⅛ łyżeczki soli
- ¼ szklanki gorącej wody
- 1 łyżka masła
- 4 szklanki mleka
- 1 łyżeczka aromatu klonowego
- 1 łyżeczka ekstraktu waniliowego
- 12 pianek, podzielonych

INSTRUKCJE:

a) Połącz cukier, kakao i sól w dużym rondlu. Wymieszaj gorącą wodę i masło; doprowadzić do wrzenia na średnim ogniu.

b) Dodaj mleko, aromat klonowy, wanilię i 8 pianek marshmallow.

c) Podgrzewaj, mieszając od czasu do czasu, aż pianki marshmallow się rozpuszczą.

d) Rozlać do 4 kubków; posyp pozostałymi piankami marshmallow.

37. Różana Gorąca Czekolada

SKŁADNIKI:
- 2 szklanki mleka (mlecznego lub alternatywnego)
- 2 łyżki kakao w proszku
- 2 łyżki cukru (dostosuj do smaku)
- 1 łyżeczka wody różanej
- Bita śmietana i suszone płatki róż do dekoracji

INSTRUKCJE:
a) W rondlu podgrzej mleko na średnim ogniu, aż będzie gorące, ale nie wrzące.
b) W małej misce wymieszaj kakao w proszku i cukier.
c) Mieszaj, aż woda różana dobrze się połączy.
d) Stopniowo dodawaj kakao do gorącego mleka, aż masa będzie gładka i dobrze wymieszana.
e) Kontynuuj podgrzewanie gorącej czekolady różanej, mieszając od czasu do czasu, aż osiągnie żądaną temperaturę.
f) Przelać do kubków, posypać bitą śmietaną i udekorować suszonymi płatkami róż. Podawaj i ciesz się!

38. Gorąca czekolada z kwiatami pomarańczy

SKŁADNIKI:
- 2 szklanki mleka (mlecznego lub alternatywnego)
- 2 łyżki kakao w proszku
- 2 łyżki cukru (dostosuj do smaku)
- 1 łyżeczka wody z kwiatu pomarańczy
- Bita śmietana i skórka pomarańczowa do dekoracji

INSTRUKCJE:

a) W rondlu podgrzej mleko na średnim ogniu, aż będzie gorące, ale nie wrzące.

b) W małej misce wymieszaj kakao w proszku i cukier.

c) Mieszaj wodę z kwiatu pomarańczy, aż dobrze się połączy.

d) Stopniowo dodawaj kakao do gorącego mleka, aż masa będzie gładka i dobrze wymieszana.

e) Kontynuuj podgrzewanie gorącej czekolady z kwiatami pomarańczy, mieszając od czasu do czasu, aż osiągnie żądaną temperaturę.

f) Przelej do kubków, posyp bitą śmietaną i udekoruj skórką pomarańczową. Podawaj i ciesz się!

39. Gorąca czekolada z kwiatami czarnego bzu

SKŁADNIKI:

- 2 szklanki mleka (mlecznego lub alternatywnego)
- 2 łyżki kakao w proszku
- 2 łyżki cukru (dostosuj do smaku)
- 1 łyżka syropu z kwiatów czarnego bzu
- Bita śmietana i jadalne kwiaty do dekoracji

INSTRUKCJE:

a)   W rondlu podgrzej mleko na średnim ogniu, aż będzie gorące, ale nie wrzące.
b)   W małej misce wymieszaj kakao w proszku i cukier.
c)   Mieszaj syrop z kwiatów czarnego bzu, aż dobrze się połączy.
d)   Stopniowo dodawaj kakao do gorącego mleka, aż masa będzie gładka i dobrze wymieszana.
e)   Kontynuuj podgrzewanie gorącej czekolady z kwiatami czarnego bzu, mieszając od czasu do czasu, aż osiągnie żądaną temperaturę.
f)   Rozlać do kubków, posypać bitą śmietaną i udekorować jadalnymi kwiatami. Podawaj i ciesz się!

40.Gorąca czekolada z hibiskusem

SKŁADNIKI:
- 2 szklanki mleka (mlecznego lub alternatywnego)
- 2 łyżki kakao w proszku
- 2 łyżki cukru (dostosuj do smaku)
- 1 łyżka suszonych kwiatów hibiskusa
- Bita śmietana i posypka płatkami hibiskusa do dekoracji

INSTRUKCJE:

a) W rondlu podgrzej mleko na średnim ogniu, aż będzie gorące, ale nie wrzące.

b) W małej misce wymieszaj kakao w proszku i cukier.

c) Do gorącego mleka dodaj suszone kwiaty hibiskusa i odstaw na 5 minut. Usuń kwiaty hibiskusa.

d) Stopniowo dodawaj kakao do gorącego mleka, aż składniki dobrze się połączą i uzyskają gładką masę.

e) Kontynuuj podgrzewanie gorącej czekolady z hibiskusem, mieszając od czasu do czasu, aż osiągnie żądaną temperaturę.

f) Rozlać do kubków, posmarować bitą śmietaną i posypać płatkami hibiskusa. Podawaj i ciesz się!

41. Gorąca czekolada lawendowa

SKŁADNIKI:
- 2 szklanki mleka (mlecznego lub alternatywnego)
- 2 łyżki kakao w proszku
- 2 łyżki cukru (dostosuj do smaku)
- 1 łyżeczka suszonych kwiatów lawendy
- ½ łyżeczki ekstraktu waniliowego
- Bita śmietana i płatki lawendy do dekoracji

INSTRUKCJE:

a) W rondlu podgrzej mleko na średnim ogniu, aż będzie gorące, ale nie wrzące.

b) W małej misce wymieszaj kakao w proszku i cukier.

c) Dodaj suszone kwiaty lawendy do gorącego mleka i pozostaw do zaparzenia na 5 minut. Usuń kwiaty lawendy.

d) Stopniowo dodawaj kakao do gorącego mleka, aż składniki dobrze się połączą i uzyskają gładką masę.

e) Wymieszaj ekstrakt waniliowy.

f) Kontynuuj podgrzewanie gorącej czekolady z dodatkiem lawendy, mieszając od czasu do czasu, aż osiągnie żądaną temperaturę.

g) Przelej do kubków, posyp bitą śmietaną i udekoruj płatkami lawendy. Podawaj i ciesz się!

42.Ciemna czekolada Matcha

SKŁADNIKI:
- 1 miarka gorącej gorzkiej czekolady Fairtrade
- 1 mała miarka proszku Matcha
- Spienione mleko

INSTRUKCJE:

a) Połącz matchę z odrobiną gorącej wody i wymieszaj na gładką pastę

b) Dopełnij spienionym mlekiem, mieszając podczas nalewania

43. Gorąca czekolada miętowa

SKŁADNIKI:
- 2 szklanki mleka (mlecznego lub alternatywnego)
- 2 łyżki kakao w proszku
- 2 łyżki cukru (dostosuj do smaku)
- ¼ szklanki świeżych liści mięty
- ½ łyżeczki ekstraktu waniliowego
- Bita śmietana i świeże liście mięty do dekoracji

INSTRUKCJE:

a) W rondlu podgrzej mleko na średnim ogniu, aż będzie gorące, ale nie wrzące.
b) W małej misce wymieszaj kakao w proszku i cukier.
c) Dodaj świeże liście mięty do gorącego mleka i pozostaw do zaparzenia na 5 minut. Usuń liście mięty.
d) Stopniowo dodawaj kakao do gorącego mleka, aż składniki dobrze się połączą i uzyskają gładką masę.
e) Wymieszaj ekstrakt waniliowy.
f) Kontynuuj podgrzewanie gorącej czekolady z dodatkiem mięty, mieszając od czasu do czasu, aż osiągnie żądaną temperaturę.
g) Rozlać do kubków, posypać bitą śmietaną i udekorować listkami świeżej mięty. Podawaj i ciesz się!

44. Gorąca czekolada z rozmarynem

SKŁADNIKI:

- 2 szklanki mleka (mlecznego lub alternatywnego)
- 2 łyżki kakao w proszku
- 2 łyżki cukru (dostosuj do smaku)
- 2 gałązki świeżego rozmarynu
- ½ łyżeczki ekstraktu waniliowego
- Bita śmietana i gałązka rozmarynu do dekoracji

INSTRUKCJE:

a) W rondlu podgrzej mleko na średnim ogniu, aż będzie gorące, ale nie wrzące.
b) W małej misce wymieszaj kakao w proszku i cukier.
c) Dodaj świeże gałązki rozmarynu do gorącego mleka i pozostaw do zaparzenia na 5 minut. Usuń gałązki rozmarynu.
d) Stopniowo dodawaj kakao do gorącego mleka, aż składniki dobrze się połączą i uzyskają gładką masę.
e) Wymieszaj ekstrakt waniliowy.
f) Kontynuuj podgrzewanie gorącej czekolady z dodatkiem rozmarynu, mieszając od czasu do czasu, aż osiągnie żądaną temperaturę.
g) Rozlać do kubków, posypać bitą śmietaną i udekorować gałązką rozmarynu. Podawaj i ciesz się!

45. Gorąca czekolada z bazylią

SKŁADNIKI:
- 2 szklanki mleka (mlecznego lub alternatywnego)
- 2 łyżki kakao w proszku
- 2 łyżki cukru (dostosuj do smaku)
- ¼ szklanki świeżych liści bazylii
- ½ łyżeczki ekstraktu waniliowego
- Bita śmietana i liście świeżej bazylii do dekoracji

INSTRUKCJE:
a) W rondlu podgrzej mleko na średnim ogniu, aż będzie gorące, ale nie wrzące.
b) W małej misce wymieszaj kakao w proszku i cukier.
c) Dodaj świeże liście bazylii do gorącego mleka i pozostaw do zaparzenia na 5 minut. Usuń liście bazylii.
d) Stopniowo dodawaj kakao do gorącego mleka, aż składniki dobrze się połączą i uzyskają gładką masę.
e) Wymieszaj ekstrakt waniliowy.
f) Kontynuuj podgrzewanie gorącej czekolady z dodatkiem bazylii, mieszając od czasu do czasu, aż osiągnie żądaną temperaturę.
g) Rozlać do kubków, posypać bitą śmietaną i udekorować listkami świeżej bazylii. Podawaj i ciesz się!

46. Gorąca czekolada szałwiowa

SKŁADNIKI:
- 2 szklanki mleka (mlecznego lub alternatywnego)
- 2 łyżki kakao w proszku
- 2 łyżki cukru (dostosuj do smaku)
- 2 gałązki świeżej szałwii
- ½ łyżeczki ekstraktu waniliowego
- Bita śmietana i listek szałwii do dekoracji

INSTRUKCJE:
a) W rondlu podgrzej mleko na średnim ogniu, aż będzie gorące, ale nie wrzące.
b) W małej misce wymieszaj kakao w proszku i cukier.
c) Do gorącego mleka dodać gałązki świeżej szałwii i odstawić na 5 minut. Usuń gałązki szałwii.
d) Stopniowo dodawaj kakao do gorącego mleka, aż składniki dobrze się połączą i uzyskają gładką masę.
e) Wymieszaj ekstrakt waniliowy.
f) Kontynuuj podgrzewanie gorącej czekolady z dodatkiem szałwii, mieszając od czasu do czasu, aż osiągnie żądaną temperaturę.
g) Rozlać do kubków, posypać bitą śmietaną i udekorować listkiem szałwii. Podawaj i ciesz się!

47. Gorąca czekolada piernikowa e

SKŁADNIKI:
- 2 szklanki mleka
- 2 łyżki kakao w proszku
- 2 łyżki cukru
- ½ łyżeczki mielonego imbiru
- ¼ łyżeczki mielonego cynamonu
- ⅛ łyżeczki mielonej gałki muszkatołowej
- Bita śmietana (opcjonalnie)
- Okruszki ciasteczek piernikowych (opcjonalnie, do dekoracji)

INSTRUKCJE:

a) W rondlu podgrzej mleko na średnim ogniu, aż będzie gorące, ale nie wrzące.

b) Do gorącego mleka dodać kakao, cukier, mielony imbir, mielony cynamon i mieloną gałkę muszkatołową.

c) Ubijaj, aż wszystkie składniki się połączą są dobrze połączone, a mieszanina jest gładka.

d) Kontynuuj podgrzewanie mieszaniny przez kilka minut, aż osiągnie żądaną temperaturę.

e) Przelać do kubków, posypać bitą śmietaną i według uznania posypać bułką tartą.

48.Ciasteczka Pudsey Bear Gorąca czekolada

SKŁADNIKI:
- Pudsey Bear (kilka sztuk)
- Mleko (2 szklanki)
- Mieszanka gorącej czekolady lub proszek kakaowy (2-3 łyżki)
- Cukier (do smaku, opcjonalnie)

INSTRUKCJE:

a) Zacznij od pokruszenia ciasteczek Pudsey Bear na małe kawałki. Na tym etapie możesz użyć wałka do ciasta lub robota kuchennego.

b) W rondlu podgrzej mleko na średnim ogniu. Mieszaj od czasu do czasu, aby zapobiec przypaleniu.

c) Gdy mleko będzie gorące, ale nie wrzące, dodaj do rondla pokruszone ciasteczka Pudsey Bear. Mieszaj delikatnie do połączenia.

d) Pozwól ciasteczkom zanurzyć się w mleku na około 5-10 minut. Dzięki temu smaki się połączą.

e) Po upływie czasu zaparzania, zdejmij rondelek z ognia i odcedź mleko, aby usunąć większe kawałki ciasteczek. Na tym etapie możesz użyć sitka o drobnych oczkach lub gazy.

f) Podgrzej mleko na małym ogniu i dodaj gorącą mieszankę czekoladową lub kakao. Dobrze mieszaj, aż mieszanina będzie gładka i dobrze połączona.

g) Jeśli chcesz, możesz dodać cukier do smaku. Pamiętaj, że ciastka mogą już dodać trochę słodyczy, więc odpowiednio je dostosuj.

h) Gdy gorąca czekolada się rozgrzeje i wszystkie składniki dobrze się połączą, zdejmij ją z ognia.

i) Gorącą czekoladę rozlej do kubków i od razu podawaj. Możesz udekorować bitą śmietaną, posypką kakao w proszku lub dodatkowymi okruszkami ciastek, aby uzyskać dodatkową nutę smaku misia Pudsey .

49. Gorąca czekolada Brownie

SKŁADNIKI:
- 2 szklanki pełnego mleka
- ½ szklanki gęstej śmietanki
- 3 uncje posiekanej gorzkiej czekolady
- 2 łyżki niesłodzonego kakao w proszku
- 2 łyżki granulowanego cukru
- ¼ łyżeczki ekstraktu waniliowego
- Szczypta soli
- Bita śmietana (do dekoracji)
- Kawałki Brownie (do dekoracji)

INSTRUKCJE:
a) W średnim rondlu podgrzej mleko i śmietankę na średnim ogniu, aż zacznie się gotować. Nie dopuść do wrzenia.
b) Do rondla dodać posiekaną gorzką czekoladę, kakao w proszku, cukier granulowany, ekstrakt waniliowy i szczyptę soli. Ciągle ubijaj, aż czekolada się rozpuści , a masa będzie gładka i dobrze połączona.
c) Kontynuuj podgrzewanie mieszaniny na małym ogniu przez około 5 minut, mieszając od czasu do czasu, aż lekko zgęstnieje.
d) Zdejmij rondelek z ognia i wlej gorącą czekoladę do kubków.
e) Na każdy kubek nałóż porcję bitej śmietany i posyp bitą śmietaną kawałkami brownie.
f) Podawaj natychmiast i ciesz się pyszną gorącą czekoladą Brownie!

50.Gorąca czekolada Acai

SKŁADNIKI:

- 1 ½ szklanki puree z açaí
- 1 szklanka pełnotłustego mleka kokosowego
- 2 ½ łyżki kakao w proszku
- 1 łyżeczka ekstraktu waniliowego
- Szczypta soli

INSTRUKCJE:

a) Dodaj wszystkie składniki do małego rondla. Wymieszaj, aby połączyć i doprowadzić do wrzenia na średnim ogniu.

b) Zmniejsz ogień do średniego i kontynuuj gotowanie, aż się rozgrzeje.

c) Podzielić równomiernie pomiędzy dwa kubki i udekorować ulubionymi gorącymi polewą kakaową!

51. Gorąca czekolada z Czarnego Lasu

SKŁADNIKI:
GORĄCA CZEKOLADA:
- 1 szklanka pełnego mleka
- 2 łyżki granulowanego cukru
- 1 ½ łyżki niesłodzonego kakao w proszku
- 1 łyżka soku z wiśni Amarena
- ½ łyżeczki czystego ekstraktu waniliowego
- 1/16 łyżeczki soli morskiej
- 1 ½ uncji posiekanej ciemnej czekolady 72%.

DODATKI:
- 4 łyżki gęstej śmietany ubitej na puszystą pianę
- 2 wiśnie Amarena
- 2 łyżeczki płatków z ciemnej czekolady

INSTRUKCJE:
a) Dodaj mleko, cukier, kakao w proszku, sok wiśniowy, wanilię i sól do małego rondla, postaw na średnim ogniu i wymieszaj, aby połączyć.
b) Gdy się zagotuje, dodaj posiekaną czekoladę.
c) Doprowadzić do wrzenia i gotować, aż lekko zgęstnieje, około 1 minuty, ciągle mieszając.
d) Przelej do 2 kubków i na każdym ułóż połówkę bitej śmietany, 1 wiśnię i 1 łyżeczkę płatków czekoladowych.
e) Natychmiast podawaj.

52. Gorąca czekolada truskawkowa

SKŁADNIKI:
- 2 szklanki mleka
- ¼ szklanki syropu truskawkowego
- 2 łyżki niesłodzonego kakao w proszku
- 2 łyżki granulowanego cukru
- Bita śmietana (opcjonalnie)
- Świeże truskawki do dekoracji (opcjonalnie)

INSTRUKCJE:
a) W rondelku wymieszaj mleko, syrop truskawkowy, kakao i cukier.
b) Postaw rondelek na średnim ogniu i mieszaj, aż mieszanina będzie gorąca i parująca (ale nie wrząca).
c) Zdjąć z ognia i wlać gorącą czekoladę do kubków.
d) Całość posyp bitą śmietaną i według uznania udekoruj świeżymi truskawkami.

53. Gorąca czekolada pomarańczowa

SKŁADNIKI:

- 2 szklanki mleka
- ¼ szklanki soku pomarańczowego
- 2 łyżki niesłodzonego kakao w proszku
- 2 łyżki granulowanego cukru
- ½ łyżeczki skórki pomarańczowej
- Bita śmietana (opcjonalnie)
- Plasterki pomarańczy do dekoracji (opcjonalnie)

INSTRUKCJE:

a) W rondlu wymieszaj mleko, sok pomarańczowy, kakao, cukier i skórkę pomarańczową.

b) Postaw rondelek na średnim ogniu i mieszaj, aż mieszanina będzie gorąca i parująca (ale nie wrząca).

c) Zdjąć z ognia i wlać gorącą czekoladę do kubków.

d) Całość posyp bitą śmietaną i według uznania udekoruj plasterkami pomarańczy.

54. Gorąca czekolada malinowa

SKŁADNIKI:
- 2 szklanki mleka
- ¼ szklanki syropu malinowego
- 2 łyżki niesłodzonego kakao w proszku
- 2 łyżki granulowanego cukru
- Bita śmietana (opcjonalnie)
- Świeże maliny do dekoracji (opcjonalnie)

INSTRUKCJE:
a) W rondelku wymieszaj mleko, syrop malinowy, kakao i cukier.
b) Postaw rondelek na średnim ogniu i mieszaj, aż mieszanina będzie gorąca i parująca (ale nie wrząca).
c) Zdjąć z ognia i wlać gorącą czekoladę do kubków.
d) Całość posyp bitą śmietaną i według uznania udekoruj świeżymi malinami.

55. Gorąca czekolada bananowa

SKŁADNIKI:
- 2 szklanki mleka
- 1 dojrzały banan, rozgnieciony
- 2 łyżki niesłodzonego kakao w proszku
- 2 łyżki granulowanego cukru
- Bita śmietana (opcjonalnie)
- Plasterki banana do dekoracji (opcjonalnie)

INSTRUKCJE:
a) W rondlu wymieszaj mleko, puree bananowe, kakao i cukier.
b) Postaw rondelek na średnim ogniu i mieszaj, aż mieszanina będzie gorąca i parująca (ale nie wrząca).
c) Zdjąć z ognia i wlać gorącą czekoladę do kubków.
d) Na wierzch połóż bitą śmietanę i w razie potrzeby udekoruj plasterkami banana.

56. Gorąca czekolada kokosowa

SKŁADNIKI:
- 2 szklanki mleka kokosowego
- 2 łyżki niesłodzonego kakao w proszku
- 2 łyżki granulowanego cukru
- ½ łyżeczki ekstraktu waniliowego
- Bita śmietana (opcjonalnie)
- wiórki kokosowe do dekoracji (opcjonalnie)

INSTRUKCJE:

a) W rondlu wymieszaj mleko kokosowe, kakao, cukier i ekstrakt waniliowy.

b) Postaw rondelek na średnim ogniu i mieszaj, aż mieszanina będzie gorąca i parująca (ale nie wrząca).

c) Zdjąć z ognia i wlać gorącą czekoladę do kubków.

d) Całość posypujemy bitą śmietaną i ewentualnie dekorujemy wiórkami kokosowymi.

57. Gorąca czekolada z Nutellą

SKŁADNIKI:
- ¾ szklanki likieru z orzechów laskowych
- 13-uncjowy słoik Nutelli
- 1 kwarta pół na pół

INSTRUKCJE:
a) W rondelku postaw pół na pół na małym ogniu i dodaj Nutellę.
b) Gotuj około 10 minut i tuż przed podaniem dodaj likier z orzechów laskowych.

58.Gorąca czekolada inspirowana PB&J

SKŁADNIKI:
- 2 szklanki mleka
- ¼ szklanki kremowego masła orzechowego
- ¼ szklanki galaretki lub dżemu malinowego
- ¼ szklanki półsłodkich kawałków czekolady
- 1 łyżeczka ekstraktu waniliowego
- Bita śmietana (opcjonalnie)
- Wiórki czekoladowe (opcjonalnie)

INSTRUKCJE:
a) W średniej wielkości rondlu podgrzej mleko na średnim ogniu.
b) Dodajemy masło orzechowe, galaretkę lub dżem malinowy, kawałki czekolady i ekstrakt waniliowy.
c) Mieszaj cały czas, aż kawałki czekolady się rozpuszczą i wszystko dobrze się połączy .
d) Zdejmij patelnię z ognia i wlej mieszaninę do kubków.
e) W razie potrzeby posyp bitą śmietaną i wiórkami czekoladowymi.
f) Podawaj natychmiast i ciesz się pyszną gorącą czekoladą PB&J!

59. Gorąca czekolada z masłem orzechowym i bananami

SKŁADNIKI:
- 2 szklanki mleka
- 2 łyżki kakao w proszku
- 2 łyżki kremu czekoladowo-orzechowego (domowego lub kupionego w sklepie)
- 1 dojrzały banan, rozgnieciony
- Bita śmietana (opcjonalnie)
- Pokrojony banan (opcjonalnie)

INSTRUKCJE:

a) W rondlu podgrzej mleko na średnim ogniu, aż będzie gorące, ale nie wrzące.

b) Wymieszaj proszek kakaowy, aż się rozpuści.

c) Do rondla dodaj masę czekoladowo-orzechową i mieszaj, aż się rozpuszczą i dobrze połączą.

d) Mieszaj z rozgniecionym bananem, aż się połączy.

e) Gorącą czekoladę wlać do kubków i ewentualnie udekorować bitą śmietaną i plasterkami banana. Podawać na gorąco.

60. Mrożona gorąca czekolada Serendipity

SKŁADNIKI:
- 1 ½ łyżeczki słodzonego kakao Van Houton
- 1 ½ łyżeczki kakao Droste
- 1 ½ łyżki cukru
- 1 łyżka słodkiego masła
- ½ szklanki mleka
- 3 uncje ciemnej i jasnej czekolady o smaku Godiva (lub do smaku)
- ½ uncji różnych wysokiej jakości czekoladek (takich jak Valhrona , Lindt , Callebaut , Cadbury itp.)
- 1 hojna chochla mieszanki importowanych czekoladek
- ½ litra mleka
- ½ kwarty pokruszonego lodu
- Bita śmietana (do posypania)
- Tarta czekolada (do dekoracji)
- 2 słomki
- Łyżeczka mrożona

INSTRUKCJE:

a) W podwójnym bojlerze rozpuść słodzone kakao Van Houton, kakao Droste, cukier i słodkie masło, mieszając, aż utworzy się gładka pasta.

b) Do podwójnego bojlera dodaj ciemną i jasną czekoladę o smaku Godiva oraz różne wysokiej jakości czekolady. Kontynuuj roztapianie czekolady, stopniowo dodając mleko, cały czas mieszając, aż masa będzie gładka.

c) Pozwól mieszaninie ostygnąć do temperatury pokojowej. Po ostygnięciu przenieś go do litrowego blendera.

d) Dodaj do blendera dużą łyżkę mieszanki importowanych czekoladek, pół litra mleka i pokruszony lód.

e) Mieszaj wszystkie składniki, aż mieszanina osiągnie pożądaną konsystencję. Jeśli stanie się zbyt gęsty, możesz dodać więcej mleka lub lodu, aby go dostosować.

f) Wlać mrożoną gorącą czekoladę do miski z grejpfrutem lub szklanki.

g) Całość posypujemy kopczykiem bitej śmietany i posypujemy startą czekoladą.

h) Włóż dwie słomki do mrożonej gorącej czekolady i podawaj z mrożoną łyżeczką do spożycia.

61.Gorąca czekolada Amaretto

SKŁADNIKI:
- 1 ½ uncji likieru Amaretto
- 6 uncji gorącej czekolady
- bita śmietana (opcjonalnie)
- wiórki czekoladowe (opcjonalnie)

INSTRUKCJE:
a) Do kubka dodaj likier Amaretto.
b) Polej gorącą czekoladą Amaretto.
c) Mieszaj do połączenia.
d) W razie potrzeby posyp bitą śmietaną i wiórkami czekoladowymi.

62. Gorąca czekolada na bazie wina

SKŁADNIKI:
- ½ szklanki pełnotłustego mleka śmietankowego
- ½ szklanki pół na pół
- ¼ szklanki kawałków ciemnej czekolady
- ½ szklanki Shirazu
- Kilka kropli ekstraktu waniliowego
- 1 łyżka cukru
- Mała szczypta soli

INSTRUKCJE:

a) Połącz mleko, pół na pół, kawałki ciemnej czekolady, ekstrakt waniliowy i sól na patelni na małym ogniu.

b) Ciągle mieszaj, aby czekolada na dnie się nie przypaliła, aż do całkowitego rozpuszczenia.

c) Gdy będzie już ciepłe i gorące, zdejmij je z ognia i wlej wino.

d) Dobrze wymieszaj.

e) Spróbuj gorącej czekolady i dostosuj słodkość za pomocą cukru.

f) Wlać do kubka z gorącą czekoladą i natychmiast podawać.

63. Gorąca czekolada z dodatkiem mięty pieprzowej

SKŁADNIKI:

- 1 szklanka mleka
- ¼ szklanki gęstej śmietanki
- 4 uncje półsłodkiej czekolady, posiekanej
- ¼ łyżeczki ekstraktu z mięty pieprzowej
- 2 uncje miętowego sznapsa

INSTRUKCJE:

a) W rondlu podgrzej mleko i gęstą śmietanę na średnim ogniu, aż będą gorące, ale nie wrzące.

b) Zdejmij rondelek z ognia i dodaj posiekaną czekoladę. Mieszaj, aż się rozpuści i będzie gładka.

c) Wymieszaj ekstrakt z mięty pieprzowej i wódkę miętową.

d) rozlać do kubków i udekorować bitą śmietaną i pokruszonymi cukierkami miętowymi.

64. Baileys Irlandzka kremowa gorąca czekolada

SKŁADNIKI:
- 1 szklanka mleka
- ¼ szklanki gęstej śmietanki
- 2 uncje półsłodkiej czekolady, posiekanej
- 1 uncja irlandzkiego kremu Baileys

INSTRUKCJE:

a) W rondlu podgrzej mleko i gęstą śmietanę na średnim ogniu, aż będą gorące, ale nie wrzące.

b) Zdejmij rondelek z ognia i dodaj posiekaną czekoladę. Mieszaj, aż się rozpuści i będzie gładka.

c) Wymieszaj irlandzki krem Baileys.

d) Przelać do kubków i według uznania udekorować bitą śmietaną lub piankami marshmallow.

65. Gorąca czekolada z przyprawami RumChata

SKŁADNIKI:
- 1 szklanka mleka
- ¼ szklanki gęstej śmietanki
- 2 uncje półsłodkiej czekolady, posiekanej
- ½ łyżeczki mielonego cynamonu
- 1 uncja RumChata

INSTRUKCJE:

a) W rondlu podgrzej mleko i gęstą śmietanę na średnim ogniu, aż będą gorące, ale nie wrzące.

b) Zdejmij rondelek z ognia i dodaj posiekaną czekoladę. Mieszaj, aż się rozpuści i będzie gładka.

c) Wymieszać z mielonym cynamonem i RumChatą.

d) Przelać do kubków i według uznania udekorować odrobiną cynamonu lub bitą śmietaną.

66. Gorąca czekolada z przyprawami pomarańczowymi

SKŁADNIKI:

- 1 szklanka mleka
- ¼ szklanki gęstej śmietanki
- 2 uncje posiekanej ciemnej czekolady
- Skórka z 1 pomarańczy
- ¼ łyżeczki mielonego cynamonu
- 1 uncja Grand Marnier

INSTRUKCJE:

a) W rondlu podgrzej mleko i gęstą śmietanę na średnim ogniu, aż będą gorące, ale nie wrzące.

b) Zdejmij rondelek z ognia i dodaj posiekaną gorzką czekoladę. Mieszaj, aż się rozpuści i będzie gładka.

c) Dodaj skórkę pomarańczową, mielony cynamon i Grand Marnier.

d) Przelej do kubków i według uznania udekoruj skórką pomarańczową lub bitą śmietaną.

67. Pikantna aztecka gorąca czekolada z tequilą

SKŁADNIKI:
- 1 szklanka mleka
- ¼ szklanki gęstej śmietanki
- 2 uncje posiekanej ciemnej czekolady
- ¼ łyżeczki mielonego cynamonu
- ⅛ łyżeczki chili w proszku (dostosuj do smaku)
- 1 uncja tequili

INSTRUKCJE:

a) W rondlu podgrzej mleko i gęstą śmietanę na średnim ogniu, aż będą gorące, ale nie wrzące.

b) Zdejmij rondelek z ognia i dodaj posiekaną gorzką czekoladę. Mieszaj, aż się rozpuści i będzie gładka.

c) Dodaj mielony cynamon, chili w proszku i tequilę.

d) Wlać do kubków i udekorować szczyptą chili w proszku lub bitą śmietaną, według uznania.

KAWA

68.Espresso

SKŁADNIKI:
- 14-16 gramów wysokiej jakości ziaren espresso
- Filtrowana woda

INSTRUKCJE:
KORZYSTANIE Z EKSPRESU:
a) Włącz ekspres do kawy i poczekaj, aż osiągnie żądaną temperaturę podgrzewania.
b) Gdy urządzenie się nagrzewa, odmierz 14–16 gramów ziaren espresso i zmiel je, aż będą przypominały drobną sól kuchenną.
c) Rozprowadź i równomiernie ułóż zmieloną kawę w koszu kolby, zapewniając płaską powierzchnię.
d) Włóż kolbę do głowicy grupy maszyny.
e) Umieścić dwie podgrzane filiżanki espresso pod dziobkami.
f) Rozpocznij proces ekstrakcji. Ekstrakcja standardowego espresso powinna zająć około 25–30 sekund i wytworzyć około 1–2 uncji (30–60 ml) płynu na porcję.
g) Natychmiast podawaj świeżo zaparzone espresso.

KORZYSTANIE Z AEROPRESSU:
h) Zagotuj wodę i pozostaw ją do ostygnięcia na minutę, aby osiągnąć temperaturę w zakresie 195-205°F (90-96°C).
i) Załóż filtr papierowy na nasadkę Aeropress i przymocuj go do komory.
j) Aeropressu dodaj 14-16 gramów drobno zmielonej kawy.
k) Delikatnie zalej około 1-2 uncji (30-60 ml) gorącej wody na fusy z kawy, pozwalając im wykwitnąć przez około 30 sekund.
l) Delikatnie wymieszaj, następnie dodaj resztę gorącej wody.
m) Przymocuj tłok do Aeropressu i ostrożnie naciśnij, aby wydobyć espresso do filiżanki.

KORZYSTANIE Z dzbanka do moki (ekspres do kawy na płycie kuchennej):
n) Napełnij dolną komorę garnka Moka wodą, napełniając ją aż do zaworu bezpieczeństwa.
o) Do koszyka filtra wsyp 14-16 gramów drobno zmielonej kawy.

p) Złóż garnek do Moka i umieść go na palniku na płycie kuchennej ustawionym na średnio-niski ogień.

q) Gdy woda w dolnej komorze się nagrzeje, wytworzy się ciśnienie, które wypchnie espresso do góry przez kosz filtra.

r) Monitoruj proces, a gdy usłyszysz syczący dźwięk, natychmiast zdejmij dzbanek Moka z ognia, aby zapobiec nadmiernemu ekstrakcji.

s) Wlej świeżo zaparzone espresso do filiżanek.

69.Kawa kroplowa

SKŁADNIKI:
- 2 filtry papierowe
- 2 do 4 łyżek średnio mielonej kawy
- Filtrowana woda

SPRZĘT:
- Zwykły ekspres do kawy przelewowy
- Standardowe filtry

INSTRUKCJE:
a) Upewnij się, że ekspres do kawy przelewowej jest czysty i gotowy do użycia.
b) Sprawdź, czy masz pod ręką świeże ziarna kawy i przefiltrowaną wodę.
c) Włóż dwa filtry papierowe do komory filtra ekspresu przelewowego. Nawet jeśli Twój ekspres do kawy jest wyposażony w filtr stały, użycie filtrów papierowych może zapewnić gładszy smak.
d) Odmierz 1 do 2 łyżek średnio zmielonej kawy na 6-uncjową filiżankę kawy. Na 2 porcje potrzebne będzie od 4 do 8 łyżek zmielonej kawy. Dostosuj ilość w zależności od preferowanej mocy.
e) Napełnij zbiornik ekspresu przefiltrowaną wodą w ilości odpowiadającej liczbie filiżanek, które chcesz zaparzyć. Zazwyczaj na 2 porcje potrzeba około 12 do 16 uncji wody.
f) Włącz ekspres do kawy i pozwól mu się zaparzyć. Czas parzenia może się różnić w zależności od urządzenia, ale w przypadku ekspresu przelewowego proces ten trwa zwykle od 4 do 10 minut.
g) Po zakończeniu procesu parzenia natychmiast zdejmij garnek lub filiżanki z płyty grzejnej lub palnika ekspresu do kawy. Pozostawienie go na palniku może spowodować przypalony posmak.
h) Wlać świeżo zaparzoną kawę kroplową do filiżanek lub kubków. Dostosuj go, dodając śmietanę, cukier lub inne aromaty według własnych upodobań.
i) Po rozkoszowaniu się kawą pamiętaj o regularnym czyszczeniu ekspresu. Mieszanka białego octu i wody to skuteczny sposób na utrzymanie czystości i zapobieganie powstawaniu niepożądanych zapachów i smaków.
j) Aby uzyskać optymalne rezultaty, przygotuj kawę przelewową tuż przed zaparzeniem, zamiast korzystać z funkcji timera. Dzięki temu możesz cieszyć się najświeższym smakiem kawy.

70.Kawiarnia Au Lait

SKŁADNIKI:
- 3 łyżki kawy rozpuszczalnej
- 1 szklanka mleka
- 1 szklanka jasnego kremu
- 2 szklanki wrzącej wody

INSTRUKCJE:
a) Zacznij od delikatnego podgrzania mleka i śmietanki na małym ogniu, aż osiągną wysoką temperaturę.
b) Gdy mleko i śmietanka się rozgrzeją, rozpuść kawę rozpuszczalną we wrzącej wodzie.
c) Tuż przed podaniem ubijaj podgrzaną mieszankę mleczną za pomocą obrotowej ubijaczki, aż uzyska ona pienistą konsystencję.
d) Następnie weź podgrzany dzbanek i wlej do niego spienioną masę mleczną. W tym samym czasie do osobnego dzbanka wsypujemy zaparzoną kawę.
e) Kiedy będziesz gotowy do podania, napełnij kubki, nalewając jednocześnie z obu dzbanków, pozwalając, aby strumienie połączyły się podczas nalewania.

71. Klasyczny amerykański

SKŁADNIKI:
- 1 shot espresso
- Gorąca woda

INSTRUKCJE:
a) Przygotuj shota espresso, zaparzając je.
b) Dostosuj moc espresso do swoich upodobań, dodając gorącą wodę.
c) Podawać w niezmienionej postaci lub w razie potrzeby wzbogacić smak śmietaną i cukrem.

72. Macchiato

SKŁADNIKI:
- 2 shoty espresso (2 uncje)
- 2 uncje (¼ szklanki) pianki z pełnego mleka

INSTRUKCJE:
a) Do przygotowania pojedynczego espresso użyj ekspresu do kawy lub ręcznego ekspresu do kawy.
b) Przelej espresso do filiżanki. Alternatywnie rozważ użycie Aeropressu do zaparzenia espresso.
c) Jeśli używasz ekspresu do kawy, podgrzej ½ szklanki mleka, aż się zagotuje. Ostatecznie będziesz potrzebować tylko ¼ szklanki spienionego mleka.
d) Podgrzej mleko do temperatury 150 stopni Fahrenheita; powinien być gorący w dotyku, ale nie powinien się gotować. Można to zmierzyć termometrem spożywczym lub palcem.
e) Użyj ekspresu do kawy, spieniacza do mleka, prasy francuskiej lub trzepaczki, aby spienić mleko w małe, jednolite bąbelki.
f) W przypadku macchiato staraj się wytworzyć dużą ilość „suchej piany", która jest przewiewną odmianą piany. Do uzyskania tego rodzaju pianki szczególnie dobrze sprawdza się spieniacz do mleka.
g) Za pomocą łyżki ostrożnie usuń wierzchnią warstwę pianki (suchą piankę) i delikatnie połóż ją na espresso. Na jedną porcję należy zużyć około ¼ szklanki pianki.

73.Mokka

SKŁADNIKI:
- 18 g mielonego espresso lub 1 kapsułka espresso
- 250 ml mleka
- 1 łyżeczka czekolady pitnej

INSTRUKCJE:
a) Zaparz w ekspresie około 35 ml espresso i wlej je na dno filiżanki. Dodać czekoladę pitną i dokładnie wymieszać, aż masa stanie się gładka.
b) Użyj nasadki do gotowania na parze, aby spienić mleko tak, aby na jego powierzchni utworzyła się piana o grubości około 4–6 cm. Trzymaj dzbanek na mleko z dzióbkiem około 3-4 cm nad filiżanką i wlewaj mleko równym strumieniem.
c) Gdy poziom płynu w filiżance się podniesie, przysuń dzbanek na mleko jak najbliżej powierzchni napoju, kierując go w stronę środka.
d) Gdy dzbanek na mleko prawie dotknie powierzchni kawy, przechyl go, aby nalać szybciej. Robiąc to, mleko uderzy w tył filiżanki i naturalnie złoży się, tworząc dekoracyjny wzór na wierzchu mokki.

74. Kawa z przyprawami meksykańskimi

SKŁADNIKI:
- 6 goździków
- 6 łyżek zaparzonej kawy
- 6 Skórka pomarańczowa Julienne
- 3 laski cynamonu
- ¾ szklanki brązowego cukru, mocno zapakowanego
- Bita śmietana (opcjonalnie)

INSTRUKCJE:

a) W dużym rondlu podgrzej 6 szklanek wody wraz z brązowym cukrem, laskami cynamonu i goździkami na średnim ogniu, aż mieszanina się rozgrzeje, ale uważaj, aby nie doprowadzić do wrzenia.

b) Dodać kawę i doprowadzić mieszaninę do wrzenia, od czasu do czasu mieszając przez 3 minuty.

c) Przefiltruj kawę przez drobne sito i podawaj w filiżankach, dekorując skórką pomarańczową.

d) W razie potrzeby udekoruj bitą śmietaną.

75. Hongkong Yuanyang

SKŁADNIKI:
- 2 łyżki słodzonego skondensowanego mleka
- 1 shot espresso (około 1 uncji)
- 1 filiżanka parzonej czarnej herbaty (około 8 uncji)
- Kostki lodu (opcjonalnie)

INSTRUKCJE:
a) Rozpocznij proces od zaparzenia filiżanki czarnej herbaty. Masz możliwość użycia herbaty w torebkach lub herbaty sypkiej.
b) Pozostawić do zaparzenia przez zalecany czas, zazwyczaj 3-5 minut, w zależności od wybranej odmiany herbaty. Upewnij się, że herbata nabierze mocnego i aromatycznego charakteru.
c) Podczas parzenia herbaty przygotuj porcję espresso, korzystając z ekspresu.
d) Gdy herbata i espresso będą już gotowe, zmiksuj je harmonijnie w szklance lub kubku.
e) Do mieszanki dodaj słodzone mleko skondensowane. Zacznij od 2 łyżek stołowych i dostosuj do preferowanego poziomu słodyczy.
f) Aby uzyskać mrożoną odmianę Yuanyang, włóż kostki lodu do szklanki.
g) Dokładnie wymieszaj, aby wszystkie składniki się połączyły i wywołały orzeźwiający chłód w napoju.
h) Zanurz się w swoim Hong Kongu Yuanyang ! To zachwycające połączenie kawy i herbaty, wzmocnione aksamitnym bogactwem skondensowanego mleka, zapewniające charakterystyczny i satysfakcjonujący profil smakowy.

76.Hiszpańskie Cortado

SKŁADNIKI:
- 1 shot espresso
- Taka sama ilość ciepłego mleka

INSTRUKCJE:
a) Przygotuj shota espresso.
b) Delikatnie podgrzej odpowiednią ilość mleka.
c) Połącz oba, upewniając się, że są jednakowo zrównoważone.

77. Włoska Granita Al Caffe

SKŁADNIKI:
- Bita śmietana (opcjonalnie)
- ¼ szklanki wody
- 2 filiżanki świeżo parzonej mocnej kawy (około 16 uncji)
- ½ szklanki granulowanego cukru
- Ziarna kawy lub kakao w proszku do dekoracji (opcjonalnie)

INSTRUKCJE:

a) Rozpocznij od zaparzenia filiżanki mocnej kawy przy użyciu preferowanego ekspresu lub metody. Aby uzyskać najbogatszy smak, wybierz świeżo zmielone ziarna kawy.

b) Podczas gdy kawa się parzy, przygotuj prosty syrop. W małym rondlu wymieszaj granulowany cukier i wodę. Podgrzewaj mieszaninę na średnim ogniu, ciągle mieszając, aż cukier całkowicie się rozpuści. Po rozpuszczeniu zdjąć z ognia i pozostawić do ostygnięcia do temperatury pokojowej.

c) Pozwól świeżo zaparzonej kawie ostygnąć do temperatury pokojowej.

d) W misce wymieszaj schłodzoną kawę i syrop cukrowy. Dokładnie wymieszaj, aby zapewnić równomierne połączenie syropu. Posmakuj i dostosuj słodkość według potrzeb, dodając więcej syropu.

e) Przenieś mieszaninę kawy do płytkiego, nadającego się do zamrażania pojemnika lub naczynia do pieczenia. Im większa powierzchnia, tym szybciej zamarznie.

f) Włóż pojemnik do zamrażarki i pozostaw na około 1 godzinę. Po godzinie wyjmij i za pomocą widelca zeskrob zamarznięte krawędzie, rozbijając powstałe kryształki lodu. Mieszaj mieszaninę, aby równomiernie rozprowadzić kryształki lodu.

g) Powtarzaj ten proces co około 30 minut, zdrapując i mieszając, przez około 3-4 godziny lub do momentu, aż granita osiągnie gliniastą, lodowatą konsystencję.

h) Gdy granita całkowicie zamarznie i nabierze puszystej, lodowatej konsystencji, jest gotowa do podania.

i) Nałóż włoską Granita al Caffè do szklanek lub misek. W razie potrzeby możesz ulepszyć każdą porcję kleksem bitej śmietany i udekorować ziarnami kawy lub posypką kakao w proszku, aby poprawić zarówno smak, jak i prezentację.

j) Podawaj natychmiast swoją włoską Granita al Caffè i delektuj się tą rozkoszną, lodowatą kawą!

78. Wietnamska kawa jajeczna

SKŁADNIKI:
- 1 jajko
- 3 łyżeczki wietnamskiej kawy mielonej
- 2 łyżeczki słodzonego skondensowanego mleka
- Gotująca się woda

INSTRUKCJE:

a) Zaparz małą filiżankę wietnamskiej kawy.

b) Oddziel jajko, zachowując tylko żółtko.

c) Do małej, głębokiej miski włóż żółtko i słodzone skondensowane mleko, następnie energicznie ubijaj, aż uzyskasz pienistą, puszystą masę.

d) Dodać łyżkę zaparzonej kawy i wymieszać.

e) Do przezroczystej filiżanki wsyp zaparzoną kawę, a następnie dodaj na nią puszystą masę jajeczną.

79. Szwedzka kawa jajeczna

SKŁADNIKI:
- 1 całe jajko (łącznie ze skorupką)
- ½ szklanki grubo zmielonych ziaren kawy
- 3 szklanki zimnej wody

INSTRUKCJE:
a) Rozpocznij od rozbicia całego jajka, łącznie ze skorupką, za pomocą widelca lub młotka. Rozdrobniona skorupa pomoże klarować kawę i zmniejszyć gorycz.
b) W misce wymieszaj grubo zmielone ziarna kawy z rozkruszonym jajkiem i skorupką jajka.
c) Mieszaj razem fusy i skorupki jaj, aż utworzą mieszaninę przypominającą wilgotne fusy z kawy.
d) Podgrzej 3 szklanki zimnej wody w rondlu, aż się zagotuje.
e) Gdy woda osiągnie temperaturę wrzenia, włóż mieszankę kawowo-jajeczną do wrzącej wody. Krótko zamieszaj.
f) Zmniejsz ogień do minimalnego poziomu, przykryj rondel i gotuj na wolnym ogniu przez około 5 minut. Zachowaj ostrożność, aby zapobiec nieszczęściom związanym z gotowaniem.
g) Po zakończeniu wrzenia zdejmij rondelek z ognia i odczekaj minutę lub dwie, aby fusy z kawy opadły na dno.
h) Ostrożnie i pewną ręką delikatnie wsyp klarowaną kawę do dzbanka lub naczynia do serwowania. Większość rozdrobnionych skorupek jaj i resztek kawy powinna pozostać w rondlu.
i) Podawaj gorącą szwedzką kawę jajeczną, w czystej postaci lub z dodatkiem wybranego mleka, śmietanki lub substancji słodzących.

80. Turecka kawa

SKŁADNIKI:

- ¾ szklanki wody
- 1 łyżka cukru
- 1 łyżka kawy sproszkowanej
- 1 kapsułka kardamonu

INSTRUKCJE:

a) W garnku zagotuj wodę z cukrem Ibrik .
b) Zdejmij z ognia i dodaj kawę i kardamon.
c) Dokładnie wymieszaj i ponownie postaw na ogniu.
d) Gdy kawa się spieni, zdejmij ją z ognia i poczekaj, aż fusy opadną.
e) Powtórz jeszcze dwa razy. Wlać do filiżanek.
f) Fusy z kawy powinny opaść przed wypiciem.
g) Kawę możesz podać z kapsułką kardamonu w filiżance – według własnego uznania.

81. Cynamonowo-Waniliowe Latte

SKŁADNIKI:
- 1 łyżka syropu waniliowego
- 1 shot espresso lub 1 filiżanka mocnej kawy
- ¼ łyżeczki mielonego cynamonu
- 1 szklanka mleka na parze

INSTRUKCJE:
a) Przygotuj shot espresso lub solidną filiżankę kawy.
b) Wymieszać z syropem waniliowym i mielonym cynamonem.
c) Wlać spienione mleko i wymieszać.
d) Ciesz się cynamonową waniliową latte!

82.Kawa z jajkiem

SKŁADNIKI:
- ½ szklanki jajecznicy
- 1 filiżanka parującej gorącej kawy
- Szczypta gałki muszkatołowej (do dekoracji)

INSTRUKCJE:
a) Przygotuj filiżankę mocnej kawy.
b) Podgrzej ajerkoniak, aż będzie gorący.
c) Połącz gorącą kawę i gorący ajerkoniak.
d) Posyp szczyptą gałki muszkatołowej na wierzchu.
e) Ciesz się kawą z ajerkoniakiem!

83. Cinnamon i dyniowa kawa przyprawowa

SKŁADNIKI:
- 1 filiżanka parzonej kawy z przyprawą dyniową
- ½ szklanki mleka
- Szczypta mielonej gałki muszkatołowej
- 2 łyżki czystego puree z dyni
- 1-2 łyżki syropu klonowego lub brązowego cukru
- Bita śmietana (opcjonalnie)
- ¼ łyżeczki mielonego cynamonu
- Laska cynamonu lub mielony cynamon do dekoracji (opcjonalnie)

INSTRUKCJE:
a) Zaparz filiżankę kawy z przyprawami dyniowymi, korzystając z preferowanego ekspresu do kawy lub metody.
b) W małym rondlu ustawionym na średnim ogniu wymieszaj mleko, czyste puree z dyni, syrop klonowy lub brązowy cukier, mielony cynamon i szczyptę mielonej gałki muszkatołowej. Podgrzewaj mieszaninę, aż będzie gorąca, ale nie wrząca, ciągle mieszając, aby upewnić się, że dobrze się połączyła.
c) Do kubka do kawy wlać zaparzoną kawę z przyprawą dyniową.
d) Ostrożnie wlej mieszankę mleka dyniowego do kawy, dobrze wymieszaj, aby składniki się połączyły.
e) Jeśli chcesz, posyp jesienną mieszanką dyniowo-cynamonową porcją bitej śmietany.
f) Popraw prezentację i smak, dekorując laską cynamonu lub posypując mielonym cynamonem.

84.Latte z bali

SKŁADNIKI:
- ¼ łyżeczki mielonego cynamonu i więcej do dekoracji
- 1 shot espresso
- ½ szklanki mleka
- 1 łyżka czystego syropu klonowego
- Bita śmietana (opcjonalnie)

INSTRUKCJE:
a) Zaparz shota espresso lub przygotuj filiżankę mocnej kawy.
b) Podczas parzenia espresso lub kawy w małym rondlu podgrzej ½ szklanki mleka na małym lub średnim ogniu.
c) W osobnym pojemniku wymieszaj 1 łyżkę czystego syropu klonowego i ¼ łyżeczki mielonego cynamonu.
d) Zaparzone espresso lub kawę wlać do filiżanki.
e) Dodaj mieszaninę syropu klonowego i cynamonu do kawy, dokładnie mieszając, aby uzyskać pełną integrację.
f) Następnie delikatnie wlej ciepłe, spienione mleko do mieszanki kawowej, za pomocą łyżki, aby początkowo zatrzymać piankę i pozwolić, aby mleko jako pierwsze wypłynęło.
g) Jeśli posiadasz spieniacz do mleka, rozważ użycie go w celu zwiększenia pienistości mleka przed dodaniem go do kawy, aby uzyskać wyjątkowo kremową konsystencję.
h) Jeśli chcesz, udekoruj swoją Log Cabin Latte kleksem bitej śmietany i posypką mielonego cynamonu, aby podnieść zarówno jej smak, jak i atrakcyjność wizualną.
i) Delikatnie zamieszaj, a Twoja Log Cabin Latte będzie gotowa do spożycia!

85. Tosty z pianki marshmallow Cafe Mocha

SKŁADNIKI:
- 1 shot espresso lub ½ filiżanki mocnej kawy
- ½ szklanki mleka
- 2 łyżki syropu czekoladowego
- ¼ szklanki gorącej czekolady lub mieszanki kakaowej
- ¼ szklanki mini pianek marshmallow
- Bita śmietana (opcjonalnie)
- Wiórki czekoladowe (opcjonalnie)

INSTRUKCJE:

a) Zaparz shota espresso lub przygotuj filiżankę mocnej kawy. Użyj ekspresu do kawy lub ekspresu do kawy.

b) Podczas parzenia kawy przygotuj gorącą czekoladę. Można to zrobić mieszając w osobnym pojemniku ¼ szklanki gorącej wody z gorącą czekoladą lub kakao. Mieszaj, aż dobrze się rozpuści.

c) W małym rondlu podgrzej ½ szklanki mleka na małym lub średnim ogniu, aż będzie gorące, ale nie wrzące. Jeśli masz spieniacz do mleka , spienij mleko, aby uzyskać wyjątkowo kremową konsystencję.

d) Rozpocznij od dodania porcji espresso lub parzonej kawy do kubka.

e) Dodaj 2 łyżki syropu czekoladowego do kawy, upewniając się, że dobrze się wymieszały.

f) Do mieszanki kawowej stopniowo wlewamy przygotowaną gorącą czekoladę i dokładnie mieszamy do połączenia smaków.

g) Ostrożnie wlewaj gorące, spienione mleko do mieszanki kawowej, używając łyżki, aby utrzymać piankę do czasu, aż mleko zacznie wypływać.

h) Spersonalizuj swoją Toasted Marshmallow Cafe Mocha za pomocą mini pianek marshmallow według własnego uznania, dodając tyle, ile chcesz.

i) Aby uzyskać jeszcze bardziej rozkoszny akcent, jeśli chcesz, możesz go udekorować kleksem bitej śmietany i odrobiną wiórków czekoladowych.

j) Jeśli masz palnik kuchenny, możesz delikatnie podgrzać pianki na wierzchu, aż staną się złotobrązowe i lekko chrupiące. Zachowaj ostrożność, aby zapobiec poparzeniom.

k) Na koniec włóż słomkę lub długą łyżkę, delikatnie zamieszaj i delektuj się wyśmienitą Mokką Toasted Marshmallow Cafe!

86. Makieta Minty Mokka

SKŁADNIKI:
- 1 shot espresso
- 1 uncja syropu czekoladowego
- ½ uncji syropu miętowego
- Kostki lodu
- Mleko lub śmietana (opcjonalnie)

INSTRUKCJE:
a) Wstrząśnij espresso, syrop czekoladowy i syrop miętowy z lodem.
b) W razie potrzeby dodaj mleko lub śmietankę.

87. Kokosowy termos do kawy

SKŁADNIKI:
- ½ szklanki kawy parzonej na zimno
- ½ szklanki mleka kokosowego
- 2 łyżki miodu
- Kostki lodu

INSTRUKCJE:
a) Zmieszaj kawę, mleko kokosowe i miód z lodem.

88.Kawa z przyprawami pomarańczowymi

SKŁADNIKI:
- 1 filiżanka gorącej parzonej kawy
- ½ łyżeczki skórki pomarańczowej
- ¼ łyżeczki cynamonu

INSTRUKCJE:

a) Zacznij od zaparzenia filiżanki ulubionej kawy. Możesz użyć ekspresu do kawy przelewowej, prasy francuskiej lub innej preferowanej metody. Aby uzyskać najlepszy smak, upewnij się, że jest gorący i świeżo parzony.

b) Dodaj skórkę pomarańczową. Skórka pomarańczowa nada kawie wspaniały cytrusowy aromat i smak.

c) Następnie dodaj do kawy ¼ łyżeczki cynamonu.

d) Za pomocą łyżki lub mieszadła dokładnie wymieszaj skórkę pomarańczową i cynamon z kawą. Upewnij się, że składniki są dobrze włączone, aby zapewnić zrównoważony smak.

e) Twoja kawa Orange Spice jest teraz gotowa do spożycia.

89. Makieta Karmel Macchiato

SKŁADNIKI:
- 1 shot espresso
- 1 uncja syropu karmelowego
- ½ szklanki mleka
- Kostki lodu

INSTRUKCJE:
a) Wstrząśnij espresso i syrop karmelowy z lodem.
b) Zalać mlekiem.

90. Kawa Mrożona Migdałowa

SKŁADNIKI:

- ½ szklanki gęstej śmietany, ubitej
- ½ łyżeczki ekstraktu migdałowego
- Kostki lodu
- 2 łyżki słodzonego skondensowanego mleka
- 1 szklanka pół na pół
- 1 łyżka cukru
- 2 filiżanki kawy
- Migdały w plasterkach, do dekoracji

INSTRUKCJE:

a) Połącz w dzbanku kawę pół na pół, mleko skondensowane, cukier i ekstrakt migdałowy.

b) Wlać lód do 4 szklanek lub kubków.

c) Każdą porcję posmaruj bitą śmietaną i udekoruj kilkoma plasterkami migdałów.

91.Mrożona Kawa Klonowa

SKŁADNIKI:
- ¼ szklanki gęstej śmietany, ubitej
- 1 filiżanka świeżo parzonej kawy
- 3 łyżki syropu klonowego Kostki lodu

INSTRUKCJE:
a) Wymieszaj syrop klonowy z kawą i polej lodem.
b) Na wierzch połóż bitą śmietanę.

92. Mrożone Mochaccino

SKŁADNIKI:
- 1 szklanka lodów waniliowych lub mrożonego jogurtu
- 1 łyżka cukru
- ¼ szklanki gęstej śmietany, delikatnie ubitej
- ½ filiżanki parzonego espresso, schłodzonego
- 6 łyżek syropu czekoladowego
- ½ szklanki mleka

INSTRUKCJE:
a) Do blendera włóż espresso, syrop czekoladowy, cukier i mleko, a następnie zmiksuj, aż składniki się dobrze połączą.
b) Do masy dodaj lody lub jogurt i mieszaj, aż uzyskasz gładką konsystencję.
c) Powstałą mieszaninę rozlej do dwóch schłodzonych szklanek i udekoruj każdą bitą śmietaną i kawałkami czekolady lub posypką cynamonu lub kakao.

93. Kawa mrożona

SKŁADNIKI:
- Gorzkie, do smaku
- ½ łyżeczki ekstraktu waniliowego
- 2 łyżeczki cukru _ _
- 6 uncji kawy
- Kostki lodu
- Bita śmietana lub pół na pół (opcjonalnie)

INSTRUKCJE:

a) Połącz Bitters, wanilię i cukier z kawą, aż mieszanina stanie się gęstym syropem.

b) Dodaj 2½ łyżeczki tej mieszanki do każdych 6 uncji kawy. Podawać z lodem.

c) Połóż na wierzchu bitą śmietanę lub, jeśli chcesz, pół na pół na wierzch napoju.

NAPADY ZIOŁOWE I HERBATY

94. Herbata hibiskusowo-jabłkowa

SKŁADNIKI:
- ½ szklanki sok jabłkowy
- 1 Laska cynamonu
- ½ szklanki Herbata z hibiskusa
- Cukier lub słodzik
- Skórka z cytryny do dekoracji

INSTRUKCJE:
a) W rondelku wymieszaj sok jabłkowy i laskę cynamonu.
b) wolnym ogniu przez 2 minuty, od czasu do czasu mieszając.
c) Do rondelka wlej herbatę i zamieszaj.
d) Wyjmij laskę cynamonu i wlej herbatę do filiżanki.
e) Dodaj cukier i udekoruj skórką cytryny.

95. Marokańska herbata miętowa

SKŁADNIKI:
- 2 łyżki stołowe Chińska zielona herbata
- 5 filiżanek Gotująca się woda
- 1 pęczek świeżej mięty, umytej
- 1 filiżanka Cukier

INSTRUKCJE:
a) Włóż herbatę do dzbanka. Wlać wrzącą wodę.
b) Parz przez 3 minuty.
c) Dodaj miętę do garnka.
d) Parz przez 4 minuty. Dodaj cukier.
e) Podawać.

96.Herbata z mlekiem różanym

SKŁADNIKI:
- 2 łyzki syropu różanego _ _ _
- 2 łyżeczki herbaty oolong
- 400 ml mleka
- 3 Stoły z perłą tapioki _ _
- 3 łyżki cukru

INSTRUKCJE:
a) Zagotuj 2 szklanki wody.
b) Dodaj perełki tapioki i cukier.
c) Pozwól im usiąść na 5 minut.
d) Zagotuj 2 szklanki wody i dodaj herbatę oolong z syropem różanym.
e) Parzyć przez 4 minuty.
f) Wlać mleko i pozostawić do zaparzenia.
g) Wyjmij herbatę i dodaj perełki tapioki.
h) Udekoruj płatkami róż i podawaj na gorąco.

97. Herbata z miodem anyżowym

SKŁADNIKI:

- 1 łyżeczka Suszone liście anyżu
- 1 filiżanka Gotująca się woda
- 1 łyżeczka Miód
- 1 Plasterek cytryny

INSTRUKCJE:

a) Do filiżanki włóż liście anyżu i zalej je wrzącą wodą.
b) Pozwól mu parzyć przez 7 minut.
c) wymieszać z miodem i podawać z plasterkiem cytryny.

98. Mrożona herbata miętowa

SKŁADNIKI:
- 4 łyżeczki mieszanki pomarańczowej pekoe i czarnej herbaty
- 6 filiżanek Filtrowana woda
- 6 Gałązki świeżej mięty pieprzowej
- lód
- Kawałki cytryny i cukier; Do serwowania

INSTRUKCJE:
a) W dzbanku połącz torebki herbaty, wodę i miętę.
b) Przykryj i odstaw na słoneczne okno na około 5 godzin.
c) pozbyć się torebek z herbatą. W wysokich szklankach zalej herbatę lodem.
d) Udekoruj cytryną i podawaj z cukrem.

99. Mrożona herbata rumiankowa

SKŁADNIKI:
- ½ szklanki Rumiankowa herbata ziołowa
- Kostki lodu
- 2 łyżki Sok z białych winogron
- 2 łyżki sok jabłkowy
- Kawałki winogron i jabłka do dekoracji

INSTRUKCJE:
a) Wymieszaj herbatę i soki.
b) Przelej do szklanki wypełnionej lodem i udekoruj winogronami i jabłkami.

100. Herbata miętowo-lawendowa

SKŁADNIKI:
- 1/2 szklanki liści mięty
- 2 łyżki nektaru z agawy
- 2 łyżki suszonej lawendy

INSTRUKCJE:
a) Połącz wszystkie składniki.
b) Zalać 4 szklankami wrzącej wody.
c) Podać schłodzone.

WNIOSEK

Mamy nadzieję, że dotarliśmy do ostatnich stron „NAJLEPSZA KSIĄŻKA APERITIF PO NARCIARSTWIE", że odkryłeś na nowo uznanie dla sztuki après-ski. Oprócz przepisów ta kolekcja jest celebracją zimowego ducha – przypomnieniem, że radość z jazdy na nartach rozciąga się daleko poza stoki i sięga do serca naszych spotkań, gdzie spotykają się śmiech, ciepło i wspaniałe napoje.

Niech te 100 przytulnych napojów doda odrobinę magii Twojemu sezonowi zimowemu, tworząc cenne chwile z przyjaciółmi i bliskimi. Niezależnie od tego, czy brzęczysz kubkami w tętniącym życiem domku, czy też spędzasz spokojny wieczór w domu, przepisy zawarte na tych stronach są świadectwem radości, jaką można znaleźć w prostych zimowych przyjemnościach.

A zatem czas na trzaskający ogień, migoczące światła i wspólne historie, dzięki którym après-ski stało się cenioną tradycją. Popijając te rozgrzewające duszę napoje, niech staną się one idealnym dodatkiem do Twoich zimowych przygód, tworząc wspomnienia, które pozostaną na długo po stopieniu się śniegu i przechowywaniu nart. Pozdrawiamy w sezonie pełnym ciepła, koleżeństwa i zachwycających smaków „NAJLEPSZA KSIĄŻKA APERITIF PO NARCIARSTWIE"!

www.ingramcontent.com/pod-product-compliance
Lightning Source LLC
Chambersburg PA
CBHW071855110526
44591CB00011B/1422